JN410580

어둠을 켜다

이오우 시집

문학의전당 시인선
0277

어둠을 켜다

이오우 시집

문학의전당

시인의 말

나는 지금 지구라는
생명의 별에 살고 있다.

하늘 한번 보고
걷자
천·천·히

숲의 옹알이가 들린다.

2018년 3월
이오우

차례

제2부

제3부

제4부

제1부

하루

넌, 오늘도 바삐 황금빛 옷자락을 감추는구나.

오늘도 너를 향한 나의 진군은 끝내, 산 하나를 남겨둔 채 찬바람에 몰려 돌아왔다. 어느 순간 너는 절벽이었다. 너는 한 번도 나에게 온전한 사랑을 허락하지 않았지. 너는 늘 너의 시간만을 고집하곤 어둠에서 나와 어둠 속으로 사라졌다.

너의 얼굴은 찬란한 희망이지만
너의 뒷모습은 캄캄한 어둠뿐이구나.

별빛이 조용히 나를 내려다본다. 너의 온기가 남아 있는 시간, 나는 또 너의 발끝에서 새우잠을 잔다.

하루의 끝자락을 펴고
누웠다.

그래도, 난 내일 또 너를 잡고 늘어질 것이다.
너를 향한 진군은 계속될 것이다.
지금까지 그랬듯이

등짝이 가렵다

1
꼭 한 번은 그렇게 가려운 때가 있다
아무리 휘저어도 닿지 않는 지점
혼자서는 해결할 수 없는 가려움
참아 보려고 애쓰면 애쓸수록
더욱 미치도록 가려운 때가 있다
냉큼 긁어달라고 할 수도 없는 그곳

2
어느 허름한 목욕탕
돌아가는 원판에 때수건을 붙여놓았다
노인은 볼품없이 등짝을 붙이고 등을 밀고 있다
때밀이에게 댈 돈이 없는 노인을 위한
목욕탕집 주인의 배려가 고맙기도 하지만
때를 밀기보다는 등짝이 가려운 것만 같다

3
나이 들수록 등짝도 자주 가려운 법

목욕탕부터 집집마다 등짝 한번
시원하게 맡길 사람 없이 지내는
홀로 아리랑이 많은 요즘
등짝이 가려운 때가 있다
마음의 등짝이 가려운 때가 있다

마음의 뒤란

—조태일 시인 15주기에 즈음하여

귀 두 개
커다란 입 하나의 거구다.
입 안 가득 현묘한 빛깔로 익어가는
마음의 뒤란, 시의 장독대에
백년이 가고 천년이 가도 우리들 밥상에 오를
큰할머니 화병을 가라앉히던 묵은, 조선간장 같은
정갈한 모국어가 가부좌를 틀었다.
돌담 따라 원추리 피고
민들레 햇살바라기 하는 뒤란
태안사 앞마당 오솔길로 이어지고
옛날이 발효되는 시간
어매의 눈물과 아베의 땀방울로 빚은
삶의 속살이 그렁그렁 익어간다.
가거도의 바람과 백록담 눈 녹은 물이 만났다.
백두산 천지를 흘러내린 피와
국토의 뼈마디가 곰삭아 익었다.
마음의 뒤란, 커다란 질그릇 하나
번뜩이는 예지의 아침 선박이

꺾이지 않는 향으로 온다.

꺼지지 않는 노래가 된다.

우물

측백나무 울타리를 끼고
버짐나무 잎들의 푸른 속삭임에
작은 입을 오물거리던
구름의 옷자락과 여름의 아침 빰이 지나던
욕실 창문 같은, 한나절을 지나
지구의 한쪽을 비행하던 새들이 찾던
뜨거운 날일수록 더욱 차게 찰랑거리던

에어컨 퇴수 호스를 타고 내린 물이
콘크리트 바닥에 모여 건설되었다는

유난히 덥던 여름
새들은 물을 마시고는
짧게 멱을 감았다, 떨리는 수면
작은 새의 타는 목젖을 달래주던

한여름 땡볕을 건너 후끈후끈한 몸으로
부끄럼 없이 흔들리던 젖가슴으로 목물하던

도라지 꽃대 같은 이름, 어머니

어머니의
그 검붉은 꼭지 같은,
우물이
거기 있었다

숯

숨구멍 모두 틀어막고
분신하는
밑동째 잘린 사랑

가마에 꼿꼿하게 가부좌를 틀고
생의 질량을 벗어버린 불방망이
가볍게 부챗살을 펼치듯
육신의 날개를 펄럭이며
기다리자

약탕기 앞에 곱게 피어나는 날을
쇠를 녹이는 대장간의 풀무질을
시골집 앞마당 정다운 삼겹살 불판을
머리에 곱게 풍란을 키우는
장독에 뛰어들어 장맛으로 태어나는 날을
전설 같은 금줄을

무참히 죽자

단단하게 살다 참되게 살다
죽어서 다시 거짓말처럼 피어나는
숲이 되자
시뻘건 사랑의 불씨가 되자

올해의 운세

인터넷을 하는데
홍성담의 판화를 감상하는데
그 살아있는 그림으로 몸을 덥히고 있는데
경인년 운수를 담은 그림 한 장을 발견했다.
호랑이 한 마리가 풀을 뜯어먹는 그림이었다.
호랑이 풀 뜯어먹는 소리라고 하지들
여기저기 고양이 삽질하는 소리 들리는데
배고픈 호랑이는 별이 총총 뜬 밤
성난 거시기를 벌겋게 내놓고
부릅뜬 눈으로 풀을 뜯어먹었다는 것이다
올해의 운세가 이렇다는데
그럼 배고픈 호랑이는 누구?
삽질하는 고양이는 누구?

요즘 호랑이 무서운 줄 모르는 사람들이 모여 사는 세상 아니냐고!

낙엽이 전하는 말

비가 내린다, 겨울비. 바람을 등지고 화살처럼 박히는 영하의 빗줄기, 나는 죽음이 유전하는 아스팔트를 굴러다닌다. 이제는 의식을 몰아낼 순간이다. 망각의 무덤에 누워 썩어가야 한다. 사지가 녹고 얼굴이 뭉개진다. 심장이 꺼지고 뼈가 무너지는 동안 나는 나의 무의식조차 내몰아야 한다. 겹겹의 시간에 눌린 채, 세상에 나는 없다. 이제 내 안에 숲도 없다. 계곡은 모두 말라버렸다. 숲을 잃으면 떠돌이가 되어야 한다는 것을 알았다. 삶의 대지는 철저히 벌목된 채 버려졌다. 목마름조차 느낄 수 없는 곳으로 나는 가야 한다. 나비처럼 떠나왔지만 날개는 없다. 비가 내린다, 겨울비. 나의 시신을 염습하듯, 이제 생을 접고 마음이 가난한 곳으로 돌아가야 한다. 천상의 사랑이 나의 잠을 깨울 때까지, 벗이여, 오늘은 울자. 그리하여 슬퍼하는 자의 행복을 누리자.

쓸모

쇠막대기 하나
허술한 콘크리트 담장을
버티고 있다.

세월의 혓바닥이 가끔
핥고 지나가는 골목 끝
주인 떠난 집을
혼자 남아 지킨다.

백전노장의 고집처럼
붉은 녹의 갑옷에
철사로 동여맨 허리

담장이 헐릴 그날까지
박힌 그 자리
멈춘 모양 그대로
미라처럼 폐가를 지키는
스핑크스

비가 오면 붉은 눈물 흘리며
눈이 오면 하얀 척추 하나로
시간의 침묵과 싸우며
공허를 지키는
속 깊은 충성

쓸모를 다할 때
어떤 훈장이 달릴까
어느 박물관에 안장될까

허허롭게

시월의 끝에서 타들어가는 꿈들
눈물보다 슬픈 노래가 생혈처럼 번진다.
소리 없이 진다. 열정이 죽음을 정복하고 산화하는가?
정작 평온한 얼굴들

숲속에서 몸이 굳어 나무가 되고
숲속에서 마음이 굳어 바위가 되고 싶은 날
이 가을, 가꾼 것보다 거둔 것 적어도
늘 감사할 줄 아는 농부는 행복하나니

미지근한 하루를 보내는 날은
속에서 마구 거품이 인다.
속았다고 속였다고

한번은 이런 일도 있었다.
국그릇 엎어지고 비선대가 넘어갈 정도로 웃던
그대 발길 닿는 곳마다 숨결 느껴지는 곳마다
박제된 언어들이 심장을 달고 튀어 올랐지.

영혼의 교열과 언어의 검열로 나를 검진한다.
사랑에 감염된 심장 정밀 진단.
바다는 늘 맨발이다.
억겁의 세월 뭍을 향한 맨발의 걸음
사랑은 늘 맨발이다.

아침 비의 걸음이 낙엽 위로 분주하다.
단풍 지는 숲속 가을과 겨울이 밀회 중
지상에 매달린 별들 상기된 볼 달빛 계곡에 묻고
네가 있어 정겨운 가을 꼭지.

흔들어댄다. 은행나무 노란 몸통
마구 쏟아내고 싶은 삶의 밀도
허허롭게 가자,
바람 숭숭 가르며 가자.

광밥

모처럼
노모를 모시고 나온 날
광밥 천지다
빛나는 밥이다

저놈들 봐라
가지마다 조청을 발라
광밥을 잔득 묻혀놨네 그려
가지 하나 화악 분질러
뜯어먹으면 기똥차게 맛있것다
무덤 속까지 환히 비춰
혼령들도 일어나 춤출 것 같구먼

튀겨낸 광밥에서 김이 모락모락 오른다
저놈을 가슴 한가득 담아가고 싶다는
노모와 시장 어귀에서 터지던
광밥의 함성을 따라가 본다

벚꽃 길은
엄마 품속처럼
어린 시절 꿈속처럼
오랫동안 사람이 살았으나
지금은 아무도 살지 않는 섬
어머니의 빈 가슴
나비의 집이었다

---

*광밥: 튀밥의 사투리, '튀긴 쌀'을 말함.

장터국밥

온양 오일장,
삼천 원짜리 홍겨움을 주문하면
인정을 퍼 담는 장터국밥

현찰박치기로 투가리와 깍두기 한 사발
웃음으로 받으며 나무젓가락 가랑이를 찢는다

플라스틱 의자에 앉아 막걸리 한 사발 청하면
삼천 원짜리 입장권으로 10부작 다큐멘터리
물레방앗간의 은밀한 로맨스, 무협 영화를 틀어준다

삼천 원의 세상은
선지처럼 울컹하기도
시래기처럼 흐물하기도 하지만
잘 끓인 국물처럼 호르륵 가슴을 적신다

깍두기 한 입 와짝 씹으면
세상 근심 따위야

절로 도망가는 그런 장터국밥집

김이 오르면
안개의 가설무대에 오르는 주인공들
저마다 손등은 북어처럼 말랐어도 입은 문어발이다
충청도 사투리가 제가백가, 유~가를 이루는 그런 날

민들레 새싹

겨우내, 햇살 한 모금 없는 담장 아래
한 뼘 독방에 떨어진 민들레 씨앗
눈 녹은 물에 싹을 틔웠다

까만 씨앗에서 튀어나온 잎들이
동서남북으로 한번
북동 남동 남서 북서로 한 번 더
예리하게 눈을 겨누고 있다
아직 차가운 바람 속에서
이제 막 세상과 대치한 생명

언제부터였을까
고열에 신음하듯 온몸이 들떠서
잔뿌리를 키우고
매섭게 여린 날개 펼치고
외로운 별빛 삼키며
달빛에 희망 내걸고 생명을 지킬 줄 안 것이

미동도 않고 꼭 붙어서는
고뇌를 성큼성큼 썰어내며 모진 나날 견디겠지
언젠가는 오고야 말
가을 하늘 푸른 바람에
마술처럼 홀씨 날려 보낼 날 기다리겠지

차가운 바람 파고드는 아침
척박한 내 눈을 찌르는 민들레 새싹
아무리 봐도 작고 여리기만 한 것이
보면 볼수록 우주만큼 크고
차돌만큼 강하게만 보이는 것은 왜일까

새를 생각하며

1.

아침 새소리를 듣는다
희망이 나는 소리다
살아있는 한 희망이다
날고 있는 한 생명이다
작은 가슴 뜨거운 심장 하나
조막만 한 새 한 마리
측백나무 속에서 아침을 쪼아대며
쫑알쫑알
깨를 볶는 냄새
향긋한 소리마냥, 한 마리가 아니다
저쪽에서도 또
아침을 노래하는 새소리
새소리는 늘 청아하고 미려하다

2.

신문을 들여다보는 시간
새 소식은 늘 우울하고 짐짓 섬뜩한 것들뿐

정작 내가 바라는 새소리는 없다

3.
새소리를 들으며
새소리를 생각하며
새 소식을 기다리기로 한다
따사로운 봄 햇살 같은 그런,
교문으로 향하는 저 해맑은 아이들의
눈망울 같은 그런,

노숙자

춥다, 바람이 분다
벌써 이렇게 추워지다니 젠장,
노란 닭발 같은 은행잎들 쌓이고
어둠이 정지화면을 만들어갈 때
그는 불쑥 등장하였다

지하로 숨자, 소행성이 지구와 충돌하는 순간을 생각하며
추위를 잊자, 두더지같이 살아도 그리움은 날로 호화롭다
가슴을 열고 즉석카메라를 누른다.
그리움이 한 장 한 장 찍혀 나온다.

어둠 속에서 깜박이던 의식이 먼 항해를 시작하고
그의 떨림이 잦아질수록 내 몸은 아래로 떨어지고
계단을 따라 거침없이 오르내리던 시간들도
'지하상가 번영회' 흐린 겨울 속으로 주저앉고
거미줄에 허리가 굽은 가로등 거리

"나는 지금 어디로 흘러가는 거지……."

제2부

미인도

달그림자 밟고 뜰에 나리다
명치까지 차오르는 달의 향기
내어딛는 버선코
달빛에 젖은 수선화 바라보는가

가늘게 떨리는 아미여
저고리 고름이 흔들린다
산호 노리개 빛날 때
어둠 한쪽이 깨어져 나간다

그리움 동여맨 열두 폭 치마
가녀린 손끝에 바스락, 운다
달빛 아래 고개 숙인
두루미 한 마리

한바탕 춤이나 추어보련
구름의 장단을 밟아보련
달빛의 음성을 들어보련

봄비처럼

봄비가 속삭이는 밤이다
바람도 살갑게 노닐고
밤거리에는 더듬이를 길게 늘인
불빛들이 깜박인다

봄비는 하루 종일
오다 말다 감질거리며
밤이 깊어지기를 기다렸다
모두가 잠든 밤
봄비는 힘차게 대지를 적실 모양이다

생명을 두드려 깨울 심산이다
봄비는 아침부터
흐리게만 내리더니
밤이 깊어지기만 기다리고 있다

봄비는 아침부터
간질간질 내리더니

몇 차례 곱게 쓰다듬고는
모두가 잠든 새벽
대지를 가득 적시고
질펵하게 두드릴 자세다

오늘밤
대지는 온몸을 풀어헤칠 것이다

유월에 보내는 편지

제비는 보이지 않는다

처마 밑 파고들며
새집 짓고 알 낳아
어린 새끼 먹이고 먹여
여름 한철 무더위 가르며 날아오르던
무념의 날갯짓

해 그림자 길어지는 날
새벽이슬 나란히 전깃줄에 맺히면
남쪽 바다 건널
길잡이 세울 의논으로 분주하더니

유월의 하늘은 무심한 바람만 흐르고
제비 한 마리 보이지 않는다
짙어가는 유월의 하늘
까치 소리 요란한데
반가운 소식은 아직 오지 않았다

코스모스

초등학교 신작로
덜커덩 덜커덩 버스 한차례 지나가면
먼지 한바탕 피어오르던 비포장도로
학교 선생님 따라 심어놓은 코스모스
들판과 하늘과 나 사이를 황금 분할하던 길
하늘하늘 흔들리던 여린 꽃잎
한 송이 두 송이 꺾어 들고
공연히 부끄러워지던 시절
오다가다 화풀이로 꽃망울 터트리면
비릿한 아픔 쏟아내던 코스모스 길
아무렇지도 않게 꽃 속에 벌을 찾아
침을 뽑으며 승리에 취해 놀던 그 친구들,
모두 코스모스보다 훌쩍 자라 어디에 피어 있을까
척박한 땅끝, 어디라도 흥겹게 피어서
푸르게 노 저어 가고 있을까
하얀 얼굴 분홍 얼굴 붉은 얼굴들
가을이면 가슴속에 조용히 피었다 지는
추억의 코스모스들

나비

비가 그치자
여름 산이 푸른 몸을 뒤척인다
구름이 깃털처럼 창공에 흩어지고
젖은 풀잎에 햇살이 뛰논다

어디선가 날아온 나비 한 쌍
갓 태어난 영혼의 날갯짓으로
나와 발을 맞추며 춤을 춘다

나비와 걷는 길
나비의 하얀 날개가
나의 흐린 마음을 걷어내고
여름 산을 흔들어 깨운다

나는 나비를 따라
나비는 꽃을 따라
싱그러운 웃음이 산길에 가득하다

나비는 꽃이 되고

꽃은 나비가 되고

나의 앞가슴도 솜털처럼 부푼다

감나무

나는 감나무가 좋다.
남들은 홍시가 달리는 가을의 감나무가 좋다지만
나는 봄, 여름, 가을, 겨울의 감나무가 다 좋다.

봄이면 감꽃을 세며 놀았다는 어느 시인의 노래가 있어 좋고, 볼품없던 가지가 소박하게 옷 입는 모습이 예뻐서 좋다. 여름이면 달빛 속에서 포동한 가지들, 달빛에 풍덩, 제 몸 던지는 자태가 시리게 예뻐서 좋다. 가을이면 가지마다 주렁주렁 익어가는 감들 사이로 하나 둘 감잎 떨구는 모습이 더는 쳐다볼 수 없도록 좋다. 겨울이면 눈 내린 아침 앙상한 가지 끝에 매달린 까치밥 한 알, 아직도 쨍쨍하게 붉어 더 좋다.

어릴 적부터 늙어 지금까지 늙은 나무
그래서 주름이 예쁜 나무
흑백사진 속 외할머니 같은 나무
모두 떠나도 홀로 남아 기다림의 천자문을 외는 나무
꾸밈없이, 끊임없이 말랑말랑해지는 나무
그런 감나무가 나는 좋다.

향기

아무도 모르는
나만의 향기

마음을
맑게 헹궈주는

매화 같고
라일락 같고
아카시아 같고
국화 같은

그것은
눈물이다
눈물의 어머니이다

우물 같은 사랑이다

비

비 온다
마구
내
린
다

우리들
누군가는 담아두고, 정해두고, 쌓아두고, 짊어지고, 끌어안고, 손에 들고, 마음에 달고
끙끙거리는데

하늘은 그냥
쏟
는
다
아무 데나 닿는 대로 그냥, 맺힌 것, 엉킨 것, 하나 없이, 시원스레
뿌

린
다

근심 하나 없이
오는 비

다 맞아보자

봄을 기다리며

애기동백 두세 송이 피었다
겨우내 붉은 눈망울 꼭 감고 있더니
햇살 포근한 오후, 마술처럼 터졌다

차돌처럼 버티던 응달의 잔설
어느새 전설이 되고 골골마다
들썩이는 것들, 고개를 내미는 것들
거슬러 오르는 것들, 튀밥 터지는 것들
깃발을 들고 일어서는 것들

상기된 뺨으로
향기로운 입술로
벌렁되는 가슴으로 덤빌 것이다
반짝이는 눈망울들이 쉴 새 없이 뛰어들 것이다
주체할 수 없는 봄과의 열애

이제 얼마 안 남았다

비의 그림자

난초의 향기 가시기 무섭게
가을이 온다.
생각의 가지 끝이 자꾸만 떨리고
마음의 뿌리가 차고 슬프다.
바람처럼 아득한 길 위에
비가 온다.
고개 숙인 표정들 속을
계절이 꼬리를 흔들며 지나간다.
배경이 바뀌는 틈마다
생활이 납작하게 세워진다.
풍경을 세탁하며
찌든 생각들을 흘려보낸다.
생의 자리마다 숭숭 구멍이 뚫리고
안개처럼 피어오르는 웃자란 시간들.
비 오는 거리마다 실체를 상실한 추억들이
우산도 없이 서 있다.

왜가리

수심을 관통하는 눈빛
부리 끝이 칼날처럼 빛난다

수면을 팽팽하게 잡아당기며
발끝을 들어 올리는 동안

산 그림자 눕는다

아무것도 아닌 것처럼
풍경 속에서 자신을 각인하며
영원을 체험하는 순간
기다림은, 한 끼 식사가 아니다
한눈팔지 않는다는 것
혼자이면서 혼자가 아닌 것

나와의 줄다리기다

목줄을 시위처럼 당기고

기다림조차 잊은
동그란 눈동자

댕기머리 전사다

겨울나무

그리움과 결별한
검은 심줄

바람 앞에
칼 한 자루 들고 서 있다
낯선
속
삭
임
들
별빛을 타고 달려온
태초의 열락 씹으며
서
있
는
놀라운 기다림의 심장
꿈꾸는
심장

가을의 전설

코스모스가
봄에 꽃을 피운 그해
가을은 없었다

사색의 오솔길도
따스한 손편지도
시집을 읽는 손길도
농부들의 타작 소리도 떠났다

마음을 붉게 태우는
이별의 낭떠러지들
벌거벗은 그림자가 늘어갔다

홀로 남은 고추잠자리는
거미줄에 목을 매었다

아파트 단지 지붕 위로
앵무새 모이 같은 별이 떴다

흐르는 돌

시냇물은 돌돌돌
흐른다

흐르는 것 물이지만
우는 것 돌이다

우리, 울어줄 사람 있어
떠날 수 있다

물은
돌을 안고 흐른다

제3부

낙엽의 독백

너는 바보다. 저항을 모르는
—아니, 난 천재야, 자유로운.

스스로 결정한 것도 아니면서
버림받은 기분이 어떠니?
—단지 떨어질 뿐 과거로부터, 불안한 집착으로부터.

외롭게 지는구나. 인생이여.
—사랑은 외로움이라고, 달라지는 것은 없지.
—서로를 위한다는 것, 따지고 보면 다 위선이다. 결국 자신에게 최선을 다할 뿐이지.

이제 어디로 갈 거니?
—눈을 감고 조용히 기다려 봐야지.
—오월의 그날 같은, 얼굴을 묻을, 숲속 같은.
—최초의 바람이 불 거야.

가을 마차

가을 마차가 황금빛 소나기 속을 달려갑니다. 거친 마부의 채찍 소리와 말발굽 소리가 들립니다. 미처 돌아볼 겨를도 없는 일상이 말발굽 아래 어지럽게 흩어지고 달리는 마차는 멈출 줄을 모릅니다. 가을 마차는 침몰하는 낙엽의 궁전을 지나 머지않아 얼음의 동굴을 가로지를 것입니다. 점점 속도가 빨라지는 마차 새벽부터 저녁까지 지칠 줄 모르는 마부는 채찍을 휘두릅니다. 결코 멈추는 법이 없는 마차 지금 나는 가을 마차에 앉아 있습니다. 멀리 샛강 너머 석양이 곱게 물들고 있습니다. 갈대들이 우루루 몰려가 마른 가슴을 부벼댑니다. 금붕어 수백만 마리가 들판을 가로질러 서쪽 하늘로 빨려들어 갑니다. 가을 마차는 동승자가 없습니다. 고독의 능선을 넘는 아찔한 밤이 여러 날입니다. 길은 굽이굽이, 돌고 돌아 내달립니다. 실개천이 흐르는 길을 따라 푸른 하늘이 열리고 가을이 누웠습니다. 세상은 신비롭게 빛나고 저만치 조그만 오솔길이 보입니다. 문득, 그곳에 가고 싶다는 생각이 들었습니다. 마차가 오솔길로 접어듭니다. 태초의 숨결을 간직한 나무들이 산란하듯 붉은 잎들을 쏟아내고 있습니다. 이끼 앉은 돌이 꽃인 양 향긋합니다. 아기 사슴과 눈을 맞출 것만 같은 숲속 오솔길입니다. 모자를 내려놓고 의자에 등을 기댑니다. 순간 등받이가 없는 것을 알았습니다. 나는 지금까지 등받이가 없는 의자에 앉아 있었던 것입니다. 그 의자는 마부석이었습니다. 오른손엔 채찍이 꿈틀거리고 있었습니다.

세탁기가 돌아가는 동안

거품이 거품을 물고 돌아간다. 생활의 거죽들이 거품 속에서 돌아간다. 질긴 일상들이 엉키며 돌아가는 동안, 삶의 껍질들이 물거품을 물고 하루의 때를 토해내는 동안 나는 진솔한 편지 한 장도 쓰지 못했다. 허무한 낱말들이 방바닥을 맴돌다 더듬더듬 어둠 속으로 빨려들어 가고, 세상이라는 거대한 세탁기 속에서 나도 거품을 물고 돌아간다.

빨래들이 세탁기 속에서 기어 나와 빨랫줄에 빈 몸을 걸친다. 나도 허우적거리며 세상의 세탁기 속에서 빠져나와 세월의 빨랫줄에 반 토막으로 걸친다.

세탁기가 돌아가는 동안, 밤은 더욱 축축하게 젖어갔고 인생은 점점 탈수되어 갔다. 밤새 어디선가 세탁기가 돌아간다. 세상의 한쪽 끝에서 땟물이 빠져나오고 세상의 어느 한쪽에선 계속 깨끗한 물이 졸졸 흘러들어 온다.

나의 하루하루가 세탁기 속에서 정신없이 몸을 흔들고 부비며 거품처럼 하얗게 떠올랐다 가라앉곤 했다. 힘차게 도는

통 속에서 구석으로, 구석으로 거칠게 몰려 납작해졌다가는 꺼내져 재사용되고 재사용되며 조금씩 해져간다.

여기저기 벗어던진 일상들이 세탁되는 동안 시간은 천천히 흐른다. 햇살이 둥글게 빛나는 날 잘 말려진 하루가 장롱 속으로 들어간다. 매일 꺼내 입을 하루를 마련하는 사람 앞으로 아침이 찾아온다.

중심

요즘 들어 몸이 기우뚱할 때가 있다. 몸을 돌려 무언가를 잡으려고 할 때, 내 몸의 중심에서 이탈하는 나를, 황망하게 추스를 때가 있다. 내 몸의 무엇이 느슨해진 걸까. 어디가 헐거워진 걸까. 평형감각은 문제가 없고, 운동신경도 좋다. 달팽이관도 정상이다. 물론 의사도 그렇게 말했다.

순간, 중력의 방향이 바뀌는 듯한 착각 속에 빠지게 하는 이 정체불명의 기울어짐. 순간, 허물어져 내릴 것 같은 위태로움에 순간, 머리가 텅 비어버리고 우주가 기우뚱한다. 도대체 이유가 뭘까. 내 몸 어딘가가 녹아내려 출렁거리는 걸까. 아니면 비정상적으로 한쪽만 비대해진 걸까. 그렇다고 내 몸을 한쪽씩 달아볼 수도 없고, 답답한 마음에 산에 올랐다. 맑은 바람과 부드러운 안개 그리고 짙푸른 나무들의 물결 속을 실컷 헤엄쳤다. 순간, 파편도 없이 깨지는 일상 너머

아하, 말라버린 가슴 그래, 한쪽만 바라본 마음이 문제였구나. 그래, 채워야 할 가슴과 덜어내야 할 마음이 있구나. 중심을 망각한 기형적 삶이 문제였구나. 하루하루 마음 차리지

못하고 살았구나. 오늘밤 고향집 툇마루에 누워 알싸한 밤하늘에 마음을 띄워본다.

어머니, 조금만 덜어내면 되겠지요. 너무 많은 것을 한쪽 마음에 우겨넣은 거죠. 그래서 이렇게 몸이 기우뚱거리는 거겠죠. 술래잡기 같은 일상의 순환선에서 잠깐 내려보니, 별이 보이네요.

별과 사랑

내핵의 철과 니켈이 엄청난 압력에 고열의 마그마로 분출하였다. 대륙이 찢어지고 커다란 산맥이 생기고 바다가 갈라졌다. 거친 숨을 몰아쉬듯 뜨거운 가스를 쉴 새 없이 토해내는 거대한 분화구, 그 속에는 아직도 식지 않은 마그마 기둥이 꿈틀거린다.

근원으로부터 가해지는 절대 개념의 압력, 언제 다시 불기둥을 성나게 할지 모른다. 잠들지 않은 활화산 하나 솟아오른 지각의 한복판, 태양은 빛을 잃고 땅은 생명을 잃었다. 작은 풀씨 하나 찾아볼 수 없다. 연일 비가 내리고 세찬 폭풍우 휘몰아쳤다. 시간은 무심히 흘렀다. 얼마나 오랜 시간이 흘렀는지 아무도 기억할 수 없었다.

구름 사이로 한 줄기 빛이 어둠을 뚫었다. 대지는 아프게 신음하며 오랜 잠에서 깨어났다. 그리고 다시 숨을 쉬었다. 생명은 결코 죽지 않고 아주 오랫동안 기다리고, 기다리고 있었다. 바로 그 빛을, 비로소 사랑은 다시 시작되었다.

붕어빵이 붕어빵에게

허락된 시간은 하루다
저 거리의 불빛이 시들기 전
우리는 만나야 한다.

말랑말랑한 시간이
사거리를 횡단하는 동안
풍요의 시선이
우리를 훑고 지나는 동안

심장이 더욱 굳어가기 전에
우리는 만나야 한다.

붉은 뇌수 온전히 바칠
그 한 사람을 만나야 한다.

꿈

1. 시간의 속도

시간은 나도 모르는 힘으로 나와 나의 밀폐된 공기를 밀어붙이고 전광석화, 시간의 속도를 느끼는 순간 나는 이미 어느 막다른 골목을 향해 질주하는 나의 자동차에 앉아 있었다. 이대로 그 벽이 나를 박살낼 것이라는 공포와 나를 안심시킬 어떠한 안전장치도 찾을 수 없다는 좌절이 나의 정수리에 박힐 때 나는 깨어나고, 그래 나는 심부름꾼일 뿐이야 나에게 주어진 이 일만 끝나면 정말이지 평화롭게 잠들 수 있을 거야, 위안의 주문을 삼킬 때 식은땀이 목덜미를 훑아 내린다.

2. 신발이 없다

신발이 없다. 살아있지도 죽어있지도 않은 순간 나에게 덮치는 무수한 주검 같은 날들, 싸움은 시시하게 끝나버리곤 하지만 정작 돌아갈 날 앞에 신발이 없다. 도깨비 싸움도 끝나고 다시 일상은 떨어져 나간 부스러기 깨진 유리창 같은 하루 위에서 나는 맨발이다. 그래 또 그렇게 피 흘리며 가야 한다. 맨발로 가야 한다. 내가 그놈과 열나게 싸우는 동안, 어떤 놈이 내 신발을 훔쳐갔다.

3. 나는 가련다

나는 가련다. 돌아올 길 없이 가련다. 내려갈 곳 없이 오르련다. 오늘도 가고 내일도 오르련다. 다시 올라서서 다시 내려갈 줄을 배우련다. 늘 오르는 길이지만 늘 새 길을 만날 줄을 배우련다. 선한 눈망울 촉촉한 입술 연둣빛 저고리 다홍치마 부푼 가슴으로 만나는 곳 하늘도 설레어 가까이 내려앉는 곳 그곳에 바람처럼 오르련다. 아침 햇살이 잘랑잘랑 뛰노는 등성이를 타고 절망보다 강한 눈물샘을 지나 바위틈에 발을 묻고 오직 심장 하나로 생을 푸르게 펌프질하는 나무처럼 그렇게 너울너울 살아가련다.

외등

1.

밤은 또 어둠은
가슴 태우는 두려움
다시 뜨거워지는 시간
뜨거울 때까지 뜨거워질 때 비로소
나는 누군가의 등불이 된다
어둠 속에서 알몸으로 환한
마음 한 조각
어둠의 유혹을 견디며
이룩하는 둥근 영토
점점 더 하얗게 밤을 지키는
심장 하나

2

도시의 어둠은 더욱 깊고
절망을 몰고 다니는 바람 앞에
위태롭게 걸린 외등 하나
어둠 속에서 싸우는

빛의 전사여
어둠에서 걸어 나오는 세상을 보고 싶어
그렇게 어둠을 지키며
잠 못 드는 밤들
그리운 사람 하나 세워두고

3.
어둠에 걸려 넘어지고
절망이 일어서던 곳에서
나를 일으켜 세운 등불 하나
그래
밤도 늘 어둠만은 아니었구나
이 밤, 나는 그대의 눈빛에
불이 환하게 들어오는 하얀 외등이 된다

자작나무 아파트

어디서 왔는지 묻는 사람 없다
이식되어 온 칠백오십 세대가
자작나무 아파트에 세 들어 산다
저마다 창문을 틀어 잠그고
방범창을 내달았지만 하얗게
들어나는 속살을 어찌하랴
초승달 뜨는 밤이면 수직의 향기가 위태롭다
보름달이면 어떠랴 나부끼는 그림자
자작나무 아파트에 수맥이 돌면 24시간
칠백오십 세대가 번갈아 빨아댄다
만족을 모르는 가지들은 별빛마저 빨아댄다
어둠의 저편으로 한번 쏘아 올려질 밤 열차
객실 창마다 듬성듬성 낙엽 같은 전등을 내걸고
설원이 그리운 자작나무 아파트
빈 들판에 그림자로만 내달릴 뿐
거세당한 목청으로 불길한 눈알만 굴린다
신도시는 자연을 섭취하지 못하는 거식증 환자
굶주린 이빨들 공중에 나부낀다

자작나무 아파트 로열층엔 벌써부터
몸값 올리자는 포주들의 입김이 모아지고
벌건 대낮에도 손님 출입에 바짝 열을 올린다
시월에 입주한 자작나무 아파트는
가을이 가기도 전 성형수술에 몸이 헐리고
연신 아랫도리가 열린 채 허옇게 질려 서 있다

걸레

걸레를 비틀어 짠다
비릿한 냄새 배어나는
얼룩진 생의 흔적들
전생의 깨끗했던 수건도
걸레가 될 수 있음을 알았다
걸레는 자신의 몸을 더럽혀
낮은 곳을 닦고 또 닦는다
다 해진 몸일지라도
빨고 또 빨아 오체투지 하는 겸허
해탈의 길은 멀고멀어,
가슴 한복판이 다 비워져야 끝날 윤회여
너를 달고 방바닥을 닦으며 무릎으로 기며
내 영혼의 방을,
내 삶의 어둠을 닦으련다
그리하여
알뜰한 마음으로 다시 일어서리라

낙엽

낙엽이 산길을 덮었다
중심에서 떨어져 나온 이단자들
발아래 부서진다
아류 인생이기보다는
하류 인생이고자
신인류를 위해 스스로
반역자가 되어버린 듯
무참히 베어진 목숨들
그들은 자발적 폐허를 꿈꿨다
여기저기 아직 가시지 않은
높푸른 귀족의 냄새
발걸음마다 발기하는 투명한 암호
어둠을 깨치는 법어인 양
소멸은 이토록 깨끗한 것인가

겨울예상일보

가을비 내리고 바람 몹시 분다.
추억의 머리카락 날리고
그리움의 어깨가 떨린다.
걸음은 반사회적이고
시선은 반역동적이다.
홀로 술잔을 비울 양이면
외로움과 함께 붉은 꼼장어를
씹을 양이면
아무도 모르는 곳에서
기막힌 인연을 꿈꿀 양이면
절대로 비틀거리지 마라.
걸음보다 앞서 걷지도
걸음보다 뒤처져 걷지도 마라.
함부로 부는 바람에 마음을 들키지도 마라.
어두운 모퉁이 어느 편의점에서든지
사랑을 현금서비스 받을 수 있을 거라
믿지 마라.
사랑의 군불을 지필

달빛이나 한 짐 지고
집으로 들어가라.

종이 커피

종이커피 한잔에
세상은 공갈빵처럼
부풀어 올라, 달콤 바삭하다.
(꼭 쥐면 모두 쏟아져버릴 걸)
(철없이 놓치기라도 한다면)
조심스레 다섯 손가락을 고쳐 쥔다.

종이 커피에 입술을 댄다.
달큰한 중년의 향기가 빨려 나온다.
(뜨거워 어쩔 줄 몰랐던 시간은 잠깐이야)
인스턴트 청춘들이 둥둥 떠다니는 아침
기울인 종이 커피

오늘이 일회용이라도
아무렇게나 구겨 버리지는 말자.
가슴을 훑어 내리는 뜨거움이
흐릿한 눈물샘을 찾는다.

종이 커피에 습관처럼 매달린 아침
이마에 부딪는 봄 햇살의 창살 틈으로

깨달은 자의 일상

깨달은 자의 일상은 어떠합니까?

……

앉을 때 앉고
설 때 서고
누울 때 눕고
먹을 때 먹고
잘 때 자고
말할 때 말하고
행할 때 행하는 것입니다

……

그것 참 어려운 일이지요

제4부

천지 가는 길

휘엉청 휘어진 길
휘청거리는 버스를 타고 달려갔네
새벽에 잠깐 꿈결엔가 보았던 모습
저 멀리 보일 때 가슴은 송두리째 들썩거리고
다시 갈아타는 셔틀버스
굽이굽이 일천 굽이 돌아 오른 곳
굳센 자작나무의 어깨를 보며 오른 길
이곳이, 저 계단 위가 천지라네
단숨에 오르고 싶은 마음 다독이며
한 땀 한 땀 바느질하듯 올랐네
마음과 마음 이어붙이고
가슴과 가슴 맞대어가며
우리 하나 되기 기원하며
오르는 길, 1441계단
그 끝에 천지가 있었네
고요하고 투명한 적멸이 있었네
이 땅이 처음 시작한 곳 보았네
우리가 처음 태어난 곳을 보았네

옥수수 왕국
—압록강 국경지대를 돌아보며

여기는 옥수수의 나라
옥수수가 지배하는 세상이다.
사람들은 옥수수를 심고 가꾸며
옥수수에 헌신한다.
옥수수는 크게 진화하였고
사람들은 옥수수의 은혜 속에서
삶을 배정받고 세대를 이어간다.
옥수수 왕국은 사람들의 헌신으로
그 어떤 세력에도 무너지지 않을 만큼 강성해졌다.

나는 안다, 지금 우리에게 당장
옥수수가 없다면, 옥수수가 아니라면
우리의 삶이 죽음으로 뒤덮일 수 있음을
적어도 이곳 옥수수 왕국의 지배는
절실하며 간절하다는 것을
우리의 생명이며 종교라는 것을

그리고 나는 안다.

옥수수는 이곳의 많은 사람들과 또 다른 곳의
많은 식민지를 아주 오랫동안 지배하리라는 것을…….

조용한 슬픔

일본 동북부 지역을 덮친
대지진과 해일로
마을의 3분의 1이 바닷물에 잠기고
대화재가 난 미야기현 게센누마

쓰러진 새처럼 마을은 처참하고
고요하다.
땅을 밟고 서 있는 것이 하나도 없다.
저무는 저녁, 슬픔의 포화 속에서
희망도 눈을 감아버렸다.

우직함과 어리석음 중에서
무엇을 택할 것인가.
슬픔은 오히려 사치였구나.
삶의 방파제가 허물어진 마을
사진 속 세상은 고요하다.

가슴에는 말발굽 소리

삶과 죽음의 국경선을 넘나들고
화살처럼 박히는 신음 소리

자연은 역설의 방패를 뚫었다.
우리의 삶은
우직하였으나 대단히 어리석었구나.

먼 나라 이웃 나라의
조용한 슬픔이 가슴을 찌른다.

예당저수지

서쪽 하늘 태양이 붉은 뇌수를 쏟아낸다
우르릉 텅텅, 산 너머
뜨거운 심장으로 하루를 녹여 황금을 만드는
연금술사, 그의 대장간 모루에는
태양빛으로 달궈진 시간들이 구름장에 두들겨지고
일상이 집게에 물린 채
사색의 깊이에 담금질되고 있으리라
대갈마치로 나긋나긋해진 오전
정에 맞아 허리가 구부러진 오후
쇠메가 정오를 힘차게 내리치자
튀어 오른 금가루가 수면에 뿌려진다
하루가 익어 황금으로 정미되는 순간
산들이 다투어 내려와 발 담그고
철새들도 황금 물살에 정박하였다
낚시꾼들은 모두 돌아간 시간
홀로 조각배 몰고 나온 어부는 무엇을 낚는가
우르릉 텅텅,
대장간의 풀무질 소리 잦아들고

다시 메질 소리 얕아진다
어둠이 벌떼처럼 일어나고
점점이 박히는 불빛들이 뛰어들어 멱을 감는다
일렁이는 수면 위로
새로 세수하고 나온 보름달이
비누 냄새 풍기며 떠오른다

광개토 대왕릉에 올라

무너진 왕릉으로 가는 길
비가 내리다

시간을 발라낸 돌계단 올라
어두운 석실

그 안에 누워 있던 혼
세상을 호령하던 기상

무덤에 핀 저 꽃들
흩어진 저 돌덩이들

알고 있을까

아버지의 향기

바람이 차가워진 날
등 굽은 아버지와 목욕을 갔다

아버지가 탈의실 의자에 앉아
차곡차곡 옷을 벗으신다
튀어나온 등뼈가 눈을 찌른다

불현듯 꼭 안아드리고 싶어
얼른 아버지의 옷을 가슴에 품어
옷장에 넣어드렸다

아버지는 벗은 옷보다 가벼웁게
허연 김이 서린 욕탕으로 빨려들어 가신다

어린아이처럼
아버지는 목욕탕에만 오시면 늘 앞장서신다
나보고 따라오라는 듯
거역할 수 없는 사랑의 향내를 피우며

무념무상

기호들의 천국에 들면
나도 하나의 기호일 뿐
누구나 해독 가능한 때론
그 누구도 해독 불가능하다고 우기는
암호체계일 뿐

건조한 선과 색으로
순간에 찍히는 바코드처럼
서로의 뇌리에 복제되고
무선 조종되는 마음은 언제나 갈증

시원의 우물을 찾아나서는 사람들
기호 밖 세상이 있기나 한 것처럼
코털을 뽑아들고 점괘를 읽다가
엄지손가락 끝에서 튕기면 일진광풍이 일고

세상은 새로운 기호체계로 돌변한다
숫자 하나 점 하나 바꿨을 뿐인데

세상에, 코털 하나 뽑았을 뿐인데

나의 코드는 새로운 데이터 값으로 재정의된다

그대가 없다면

그대가 없다면 저
끝도 없이 활짝 열린 가을 하늘도
없는 거겠지요
그대가 없다면 저
가을 하늘로부터 창문 가득 쏟아지는 햇살도
없는 거겠지요

그대가 없다면 저
가을 들판의 넉넉한 옷자락도 없고
은행나무 아래 쌓이는 노란 추억도 없고
아침 이슬의 반짝임도, 훈훈한 단풍의 미소도
정녕 없는 거겠지요
그대가 없다면 온통
가을은 그저 시들어가는 세상일 뿐이겠지요

그대가 있기에 가을은
그대로 그윽한 찻집이 됩니다
그대가 있기에

단풍잎 찻잔엔 따스한 김이 오르고
나는 그대의 머릿결 같은

가을의 향기를 마십니다
그대가 있기에 가을은
끝도 없이 아름답습니다

그대의 웃음소리가
내 마음에 햇살처럼 쏟아져 들어옵니다

졸본성에 올라

—주몽을 생각하며

성터는 진공의 땅처럼 떠 있고
강물은 침묵의 노래가 되었고
세상은 또, 피었다 졌다.

그대가 떠난 자리에 내가 섰다.
불면의 밤을 건너 절음발이로 섰다.
드넓은 땅이여, 아름답고 부질없어라.
명징한 이상이여, 안타깝고 무서워라.

그대의 숨결 따라 오르는 계단
땀방울이 흐를 사이도 없이
불가역적인 생각들이
한순간에 일어났다 한순간에 꺼진다.

그리운 역사가 햇살처럼 펴졌다 구름처럼 흩어진다.
고구려의 기상이 바람처럼 몰려왔다 거품처럼 몰락한다.
그대가 머문 자리, 구들은 아직 식지 않았건만
삼족오의 깃발에는 고결한 정신만 펄럭인다.

비류수 막힌 강물 한가운데 관음상이 멍울처럼 떠 있다.
발아래 안개 속에 태극 모양의 환인시가
눈물처럼 아른거리고
일상에서 후퇴한 나의 생이 다시 활시위를 당긴다.

태백산 오름짓

겨울이 저물어가는 태백을 서둘러 오른 날
눈은 성글고 바람은 드세다.
가만 생각하니 급할 것도 없어
문수봉 오르는 길에 발걸음을 멈추고
계곡물 소리 담아 진한 커피 한 잔을 끓인다.
푸르게 찢겨진 하늘을 조각구름이 가로지른다.

등산로를 따라 먼저 오른 하얀 발자국이 찍혀 있다.
나도 총총히 따라 오르는데 잡목을 뚫고 서 있는 주목들
푸른 가시를 두르고 눈밭에 가부좌를 틀었다.
문수봉 능선을 따라 천제단을 향한다.
자작나무 하얀 수피 이어진 길
군무의 밭을 가로질렀다.

밤새 바람은 눈꽃만으로 모자라
한쪽 가슴에 온통 소금밭을 일궜다.
작심하고 오른 태백산 천제단은 바람의 성지였다.
가슴에 담아온 말들 바람처럼 흩어지고

하얀 눈길, 하얀 햇살 헤치고 망양사로 내려오니
목탁 소리, 독경 소리 요란한데 까마귀가 울고 간다.

어디로 가는 넋인가, 훨훨 날 수만 있다면
명주실을 자아내듯 가슴을 풀어내고 풀어내며 오른 산
새끼줄을 사리듯 마음을 사리고 사리며 내려온 산

불이 나가다

우두커니
눈감은 하얀 막대
양쪽 끝이 그을렸다
자신을 봉인하듯,
뜨거웠던 게지
이쪽에서 저쪽으로
수없이 건너다녔을
빛의 파장들

어디로 갔을까
집을 나간 불은
지금쯤 어디서
제 몸뚱이를 생각할까
불 나간 형광 방전관

그러고 보니 불은
그 관에 그냥 누워 있구나
진공에 묻혀

발광하던 날들의 뜨거움을
그만, 내려놓았을 뿐이구나

사각의 세상을 비추다 전사한 용사처럼
아직도 높게 걸려 있다, 빳빳하게
하얀 수의 갈아입었구나

흔적

12톤짜리 포환을 수시로 쏘아대는
은행나무 터널에 머리통이 굴러다닌다
포환이 쏘아질 때마다 댕강댕강
머리통 하나씩 떨어져 나뒹군다
공룡의 무게도 견딘 두개골이
검은 포환의 발에 산산이 으깨진다

생존의 질긴 냄새만 흩날린 뿐
한 점 흔적으로 들러붙어 있다
세상은 포화상태라지만
밤낮으로 포신은 재장전된다

나는 보았다
과거도 미래도, 단단한 의지도
정신도 사랑도 저렇게
쉽게 부숴버릴 수 있는
거대한 힘의 포화 속에 살고 있다는 것을

저 흔적들도
내일 아침이면 지워질 것이다
뜨거운 바퀴에 녹아버릴 것이다
산란하는 은행나무
사냥에 열중하는 맹수들

더러는 흔적도 없이 사라지고
더러는 살아서 세상을 열지만
그 끝이 어디인지,
우두커니 서 있는 은행나무는
벌써 얼굴이 노랗게 질려 암담하다

졸업식

—매서운 풍경과의 만남

매서운 2월의 아침
눈 내린 운동장 끝
싸늘한 운동장 끝
싸늘한 강당으로
수많은 발자국들 찍혔다.

교문마다
일만 원짜리부터
삼만 원짜리까지
꽃다발이 바들바들 떨고 있다.

총총걸음으로
차들은 뒤엉키고
한 시간 만에 이별 의식은 끝났다.
매섭게 하늘은 칼날처럼 사납다.
학교폭력 졸업식 근절
난생처음 보는 풍경이다.
졸업식을 지키는 경찰차

제복들이 삼삼오오 순찰을 돈다.
나는 말뚝처럼 서 있다
한 시간 만에 뽑혔다.
칙칙한 무전기 소리와
매서운 눈이 굴러다니는 졸업식장
정든 풍경과의 작별 의식이 끝나고
나는 목구멍이 매웠다.

운동장을 가로질러
햇살은 더럽게 빛났다.
나는 눈을 똑바로 뜰 수 없었다.

거리

그대와 나 사이에 있다
길거나 짧았다
오래거나 새로웠다
멀거나 가까웠다
그대와 나 사이에
심장을 뛰게 하는 뿌리가 있다
존재를 지탱하는
의식의 기둥들
오래된 약속처럼
흔들며 부활하는 얼굴들
그대와 나 사이는
직선 아니면 곡선
때론 외로웠으나
대답처럼 오는
야윈 질문들이 있다

해설

모어(母語)로 빚어 빛나는 쪽

김지훈 시인·단국대 교수

1.

우리는 종종 삶의 궁극적인 목적을 잊고 산다. 급변하는 현대사회에서 가족의 형태도 변하는 추세이다. 혼밥, 혼술 등 홀로 먹고 마시는 게 이상할 것도 없다. 아이러니하게도 최근 우리 사회에서 일어나는 일련의 문제는 본분에 충실하게 살아온 결과이다. 아버지로서 어머니로서 자식으로서 각자의 위치에서 '최선'을 다해 살았는데 마음 한구석이 허전하다. 이즈음 우리에게 필요한 것은 누군가의 아내, 남편, 아버지, 어머니가 아닌 개인적 존재로서 '나'를 탐구하고 돌아볼 계기가 아닐까. 우리에게도 분명, 자신의 본분에 충실할 때 행복했던 시절이 있었다. 이오우의 첫 시집은 그 시절의 감수성에 촉수를 세운다.

시냇물은 돌돌돌
흐른다

흐르는 것 물이지만
우는 것 돌이다

우리, 울어줄 사람 있어
떠날 수 있다

물은
돌을 안고 흐른다

—「흐르는 돌」 전문

물속에서 돌이 운다. 그렇다면 필시 여기서 돌은 사람의 얼굴이다. 젖은 눈이다. 시내는 눈물샘이다, 눈물이다. 이오우의 시집에서 '돌'은 명사와 동사 심지어 부사까지 그 체위를 다양하게 변화시키는 기법이 특징이다. 주지하다시피 '돌돌'은 물이 흐르는 소리와 모양을 나타내는 부사이다. 이 부사가 2연에서 '우는' 돌로 명사로 몸을 바꾼다. 이러한 관점에서 이오우의 시에 형상화된 '돌'은 탄생과 죽음, 진행과 과정 등을 내포하는 상징적 매개체다. "물은/돌을 안고 흐른다”에서 돌은 안기는 존재 즉, ‘물속의 존재’로 환원된다. 여기서 우리는 자연을 관망하는 시인의 자세와 태도를 엿볼 수 있다. 시에서 ‘본다’는 것은 무엇인가? 그것은 다름 아닌 육안과 심미안의 합일점에 가닿는 지점, 그것을 가능케 하는 가능성을 의미할 것이다. 그 결과 믿는다는 것이다. 그렇다면 그는 무엇을 바라보고 믿는가? 무엇을 응시하고 어떻게 직시하는가? 이 시에서 ‘돌’과 ‘물’은 ‘모성성’을 함의한다. 다시 말해 그 둘은 태초에 한 몸이었음을 암시한다. 어미가 자식을 낳고 기르는 감정과 정서, 육체적 고통과 환희가 “우리, 울어줄 사람 있어/떠날 수 있다”에서처럼 회귀본능과 모성본능으로 환원되는 것도 그 때문이다.

측백나무 울타리를 끼고
버짐나무 잎들의 푸른 속삭임에
작은 입을 오물거리던
구름의 옷자락과 여름의 아침 빵이 지나던
욕실 창문 같은, 한나절을 지나
지구의 한쪽을 비행하던 새들이 찾던
뜨거운 날일수록 더욱 차게 찰랑거리던

에어컨 퇴수 호스를 타고 내린 물이
콘크리트 바닥에 모여 건설되었다는

유난히 덥던 여름
새들은 물을 마시고는
짧게 멱을 감았다, 떨리는 수면
작은 새의 타는 목젖을 달래주던

한여름 땡볕을 건너 후끈후끈한 몸으로
부끄럼 없이 흔들리던 젖가슴으로 목물하던
도라지 꽃대 같은 이름, 어머니

어머니의
그 검붉은 꼭지 같은,
우물이
거기 있었다

—「우물」 전문

앞서 '돌'이 탄생과 죽음, 진행과 과정이라 언급한 바 있다. 이러한 관점에서 '돌'은 어떤 대상이나 사건의 '중심'으로 읽어도 무관하다. 이오우의 시에서 '중심'은 '어머니' 즉 모성원형(母性元型)으로 형상화된다. 종래 아니 지금까지 한국사회에서는 시인과 여성시인 즉, 이분법에 의해 시집을 읽는 방법에 길들여져 있다. 시집 맨 앞 시인 약력에서 확인할 수 있듯 이오우는 남성이다. 하지만 이오우의 시를 비롯하여 '여성성'과 '모성성'을 제외하고 담백하고 구체적으로 읽을 수 있는 시집이 몇 권이나 될까. 이러한 맥락에서 분석심리학자 구스타프 융은 오랜 임상실험 결과 '아니마와 아니무스' 이론을 정립하고 논문으로 발표했다. 아니마는 '남성 속의 여성성', 아니무스는 '여성 속의 남성성'을 뜻한다. 인간이 태어날 때 신체적 남성과 여성으로 구분되는 것은 신의 영역이다. 하지만 그 이후의 삶은 사회·문화 환경에 따라 천차만별이다. 다시 말해 '개인의 고유한 영역'이다. 시에서 남성적 어조, 여성적 어조도 필요에 의해 만들어진 개념이다. 적어도 시를 비롯한 예술작품은 신체적 성(性)을 가로질러 있는 그대로의 텍스트 독법이 선행되어야 한다. 고집스레 하나의 관점으로만 접근한다면 시를 읽는 감흥도 떨어지고 지평도 좁아진다.

이오우의 시에서 '어머니'는 "근원으로부터 가해지는 절대개념"(「별과 사랑」)이다. 다시 말해 사전적 의미를 가로질러 능수능란하게 종횡무진한다. '어머니'는 '돌'을 낳은 창조주인 동시에 현실세계에서 발아되지 '않은' 씨앗이며 목소리다.

> 요즘 들어 몸이 기우뚱할 때가 있다. 몸을 돌려 무언가를 잡으려고 할 때, 내 몸의 중심에서 이탈하는 나를, 황망하게 추스를 때가 있다. 내 몸의 무엇이 느슨해진 걸까. 어디가 헐거워진 걸까. 평형감각은 문제가 없고, 운동신경도 좋다. 달팽이관도 정상이다. 물론 의사도 그렇게 말

했다.

순간, 중력의 방향이 바뀌는 듯한 착각 속에 빠지게 하는 이 정체불명의 기울어짐. 순간, 허물어져 내릴 것 같은 위태로움에 순간, 머리가 텅 비어버리고 우주가 기우뚱한다. 도대체 이유가 뭘까. 내 몸 어딘가가 녹아내려 출렁거리는 걸까. 아니면 비정상적으로 한쪽만 비대해진 걸까. 그렇다고 내 몸을 한쪽씩 달아볼 수도 없고, 답답한 마음에 산에 올랐다. 맑은 바람과 부드러운 안개 그리고 짙푸른 나무들의 물결 속을 실컷 헤엄쳤다. 순간, 파편도 없이 깨지는 일상 너머

아하, 말라버린 가슴 그래, 한쪽만 바라본 마음이 문제였구나. 그래, 채워야 할 가슴과 덜어내야 할 마음이 있구나. 중심을 망각한 기형적 삶이 문제였구나. 하루하루 마음 차리지 못하고 살았구나. 오늘밤 고향집 툇마루에 누워 알싸한 밤하늘에 마음을 띄워본다.

어머니, 조금만 덜어내면 되겠지요. 너무 많은 것을 한쪽 마음에 우겨넣은 거죠. 그래서 이렇게 몸이 기우뚱거리는 거겠죠. 술래잡기 같은 일상의 순환선에서 잠깐 내려보니, 별이 보이네요.

—「중심」 전문

세상만물의 근원인 창조주로서 '어머니'는 '돌'을 낳는다. 그 돌은 돌돌돌 흐르고 굴러서 세상과 부딪히고 깨지고 일어서는 성장과정을 거친다. 그 매 순간마다 시적 주체인 '돌'의 '중심'은 '어머니'로 표상되는 공간을 찾는 데 적극적이다. 삶은 여행이지, 목적지가 아니라 했던가. 그렇다면 우리 삶의 궁극적인 목적은 무엇인가? 시적 화자는 스스로에게 묻고 답한다. 심지어 의사에게도 물어본다. 하지만 "평형감각은 문제가 없고, 운동신경도 좋다. 달팽이관도 정상이다. 물론 의사도 그렇게 말했다."에서처럼 시적 화자는 삶에서 '중심'이 비단 육체의 균형만을 의미하는 것이 아님을 새삼 깨닫는다. 여기서 눈여겨볼 것은 시적 화자의 경험이 어떻게 체화되는가의 문제이다. "순간, 중력의 방향이 바뀌는 듯한 착각 속에 빠지게 하는 이 정체불명의 기울어짐. 순간, 허물어져 내릴 것 같은 위태로움에 순간, 머리가 텅 비어버리고 우주가 기우뚱한다. …중략… 순간, 파편도 없이 깨지는 일상 너머"에서처럼 시적 화자는 '순간'이라는 시공간에 몸을 우겨 넣는다. 너무 좁고 작아서 놓칠 수 있는 "파편"이 순간이다. 그런데 "파편도 없이 깨지는 일상"은 우리 삶의 목적을 무색하게 하는 불안한 이미지로 점철된다. 다시 말해 시적 화자는 '삶의 의미와 가치 없음의 문제'를 직시하고 '사이'와 '너머'의 공간을 주시한다. 즉, '중심'을 잃은 것은 "한쪽만 바라본 마음, 채워야 할 가슴, 덜어내야 할 마음"에서 비롯되었으며, '순간'이 곧 '중심'을 이루는 중요한 요소임을 깨닫는다. 이것은 다시 "어머니, 조금만 덜어내면 되겠지요. 너무 많은 것을 한쪽 마음에 우겨넣은 거죠. 그래서 이렇게 몸이 기우뚱거리는 거겠죠."라는 환언을 통해 확신으로 이어진다. 여기서 시적 화자가 바라본 한쪽이 구체적으로 무엇인지는 알 수가 없다. 이것은 시적 전략이자, 독자에 대한 배려로 이해할 수 있다. 독자 저마다의 사연을 대입했을 때 시적 공감대가 더 깊어질 것이기 때문이다.

2.

이오우의 시는 '모성원형'을 태반으로 삼아 '별, 꽃, 비, 온양 오일장' 등 자연물과 전통적인 농촌 정서를 녹여낸 특징이 있다. 이러한 관점에서 이 시집에서 형상화된 공간과 장소는 '다시 돌아가고 싶은 곳'이라 해도 과언이 아니다. 이것을 달리 '그리움', '향수(鄕愁)' 따위의 단어와 연관시켜도 무방하다. 돈과 시간적 여유가 있어도 다시 돌아가지 못하는 장소와 시간, 시는 그것을 전복하는 장르이다. 그 저변에는 한 인간의 감성과 정서의 강이 흘러 시라는 광활한 바다에 당도한다.

온양 오일장,

삼천 원짜리 홍겨움을 주문하면
인정을 퍼 담는 장터국밥

현찰박치기로 투가리와 깍두기 한 사발
웃음으로 받으며 나무젓가락 가랑이를 찢는다

플라스틱 의자에 앉아 막걸리 한 사발 청하면
삼천 원짜리 입장권으로 10부작 다큐멘터리
물레방앗간의 은밀한 로맨스, 무협 영화를 틀어준다

삼천 원의 세상은
선지처럼 울컹하기도
시래기처럼 흐물하기도 하지만
잘 끓인 국물처럼 호르륵 가슴을 적신다

깍두기 한 입 와짝 씹으면
세상 근심 따위야
절로 도망가는 그런 장터국밥집

김이 오르면
안개의 가설무대에 오르는 주인공들
저마다 손등은 북어처럼 말랐어도 입은 문어발이다
충청도 사투리가 제가백가, 유~가를 이루는 그런 날

—「장터국밥」 전문

"온양 오일장"이라는 구체적인 장소, "삼천 원짜리 홍겨움을 주문하면/인정을 퍼 담는 장터국밥"집. 삼천 원에 홍겨움과 인정을 얻을 수 있는 곳. 상상만으로도 푸근해진다. 몸의 추위를 밀어내는 건 국밥이지만, 마음의 추위를 밀어내는 건 인정(人情)이다. "저마다 손등은 북어처럼 말랐어도/입은 문어발이다"에서처럼 사람 사는 냄새 즉, 현장감이 그대로 전달되는 묘사가 눈길을 끈다. 이 시집에서 장소와 동시에 눈여겨볼 것이 '그리움의 대상'이다. 그것이 사람이든 사물이든 시적 화자인 '나'의 자존감을 온전히 펼칠 수 있는 시공간이 '동심의 세계'이다. 시와 동시의 차이점은 무엇일까? 동시는 어린이들을 위한 시, 시는 성인이 읽는 시라는 고리타분한 원론에서 벗어나 보자. 시심(詩心)은 동심(童心)이 그 원류라 해도 과언이 아니다. 사회가 바라는 인격인 '페르소나'는 우리말로 가면, 탈을 의미한다. 이것은 사회의 제도나 규범에 의해 규정되고 '자아(自我)'라는 한계에서 벗어나지 못한 인격이다. 이 지점을 넘어설 때 비로소 '자기(自己)' 표현의 미적 완성도를 높일 수 있다. 다시 말해 '자기'는 '자아'는 물론 일상에서 숨기고자 하는 '무의식 속 그림자'까지 포함하는 더 큰 개념이다. 즉, 자기검열을 최소화하고 시적 화자 내면의 목소리와 시선으로 세계를 바라볼 때, '낯설게 하기'는 물론 원음에 가까운 대자연의 소리에 귀 기울일 수 있다.

코스모스가
봄에 꽃을 피운 그해
가을은 없었다

사색의 오솔길도
따스한 손편지도
시집을 읽는 손길도
농부들의 타작 소리도 떠났다

마음을 붉게 태우는
이별의 낭떠러지들
벌거벗은 그림자가 늘어갔다

홀로 남은 고추잠자리는
거미줄에 목을 매었다

아파트 단지 지붕 위로
앵무새 모이 같은 별이 떴다

—「가을의 전설」 전문

이오우의 시에서 시적 화자가 동경하는 세계는 "저마다 창문을 틀어 잠그고/방범창을 내달았지만 하얗게 들어나는 속살"(「자작나무 아파트」)의 아파트가 아니다. 그는 아파트에서도 "앵무새 모이 같은 별"(「가을의 전설」)을 바라보는 자이다. "코스모스가/봄에 꽃을 피운 그해/가을은 없었다"에서처럼 그의 심미안이 가닿은 곳은 '사색의 오솔길과 따스한 손편지 그리고 시집을 읽는 손길과 농부들의 타작 소리'이다. 다시 말해 이 시에서는 형이하학적 세계관으로는 도저히 범접할 수 없는 '없음'의 세계 즉, 형이상학적 역설의 세계가 펼쳐진다. 시적 화자는 도시화와 환경오염으로 인해 "코스모스가/봄에 꽃을 피운" 기형적 세계에서마저 마음의 빗장을 열고, 어린아이의 눈을 달래고 그 목소리를 기꺼이 받들어 모신다.

숨구멍 모두 틀어막고
분신하는
밑동째 잘린 사랑

—「숯」 부분

이 세계에서 명명법은 때로 강요가 될 수 있다. 시인은 이 강요의 방식을 권유로써 독자들을 부른다. 숯을 '숯'이라 부른다면 기표 차원의 발상에 머무르고 말 것이다. 하지만 시적 화자는 '숯'에 들숨을 불어넣어 "숨구멍 모두 틀어막고/분신하는/밑동째 잘린 사랑"으로 부활시킨다.

3.

이오우의 시에서 '어머니'는 선생으로서의 면모도 보인다. 시적 화자는 그 입술을 빌려 날것 그대로 시각화한 다음, 구수한 입말 그대로 현장을 전달하기도 한다. 다시 말해 그냥 선생이 아니라 '좋은 선생'이 동행하는 구조가 돋보인다.

모처럼
노모를 모시고 나온 날
광밥 천지다
빛나는 밥이다

저놈들 봐라
가지마다 조청을 발라
광밥을 잔득 묻혀놨네 그려
가지 하나 화악 분질러
뜯어먹으면 기똥차게 맛있것다
무덤 속까지 환히 비춰
혼령들도 일어나 춤출 것 같구먼

튀겨낸 광밥에서 김이 모락모락 오른다
저놈을 가슴 한가득 담아가고 싶다는
노모와 시장 어귀에서 터지던
광밥의 함성을 따라가 본다

벚꽃 길은
엄마 품속처럼
어린 시절 꿈속처럼
오랫동안 사람이 살았으나
지금은 아무도 살지 않는 섬
어머니의 빈 가슴
나비의 집이었다

—「광밥」 전문

'어머니'는 '벚꽃'에 대해 설명하지 않는다. 성경에서 예수가 제자들에게 가르칠 때와 같이 비유로써 말의 온기를 담아 즉, 입말로 전한다. 설명과 설득은 자칫 강요가 될 수 있다. 가장 좋은 가르침은 설명과 설득이 아니라 비유와 납득이다. 그렇다고 어머니가 음식을 직접 떠 먹여주지는 않는다. 그저 '이거 한번 맛봐' 하는 정도이다. '노모'는 시인의 무의식 속에서 깨우친 입술이 된다. 구수한 입말 "저놈들 봐라/가지마다 조청을 발라/광밥을 잔득 묻혀놨네 그려"에서처럼 일상의 단조로움이 아니라 주위 환기와 희망의 메시지를 전달한다. 이렇듯 그의 시편에 등장하는 대문자 '어머니'는 '노모'(「광밥」)로 등장하기도 하고 '돌과 물'(「흐르는 돌」)이 되어 울기도 하며, '앵무새 모이 같은 별'(「가을의 전설」)이 되어 깜깜한 세상을 비춰주기도 한다. 이렇듯 '어머니'를 통해 깨달음에 도달한 시적 화자는 아버지를 껴안아 주고 싶은 '어머니'로 형상화된다. 봄, 여름, 가을, 겨울 사계절의 순환과 세상 모든 이치가 다음에 소개할 시 한 편에 담겨 있다.

바람이 차가워진 날
등 굽은 아버지와 목욕을 갔다

아버지가 탈의실 의자에 앉아
차곡차곡 옷을 벗으신다
튀어나온 등뼈가 눈을 찌른다

불현듯 꼭 안아드리고 싶어
얼른 아버지의 옷을 가슴에 품어
옷장에 넣어드렸다

아버지는 벗은 옷보다 가벼웁게
허연 김이 서린 욕탕으로 빨려들어 가신다

어린아이처럼
아버지는 목욕탕에만 오시면 늘 앞장서신다
나보고 따라오라는 듯
거역할 수 없는 사랑의 향내를 피우며

—「아버지의 향기」 전문

보이지 않는다고 해서 존재하지 않는 것은 아니다. 이오우의 시가 말하고자 하는 것은 이것과 저것이 아니라, '너머'와 '사이'이다. 우리는 누구나 아버지의 아버지, 어머니의 어머니였다. 과거의 한 지점에서 멀어질수록 눈을 감을수록, 선명해지는 것이 있다면 그것은 바로 여기, 모어(母語)로 잘 빚은 정갈한 시편들 아니겠는가.

이 도서의 국립중앙도서관 출판시도서목록(CIP)은 서지정보유통지원시스템 홈페이지(http://seoji.nl.go.kr)와 국가자료공동목록시스템(http://www.nl.go.kr/kolisnet)에서 이용하실 수 있습니다.(CIP제어번호: CIP2018007518)

문학의전당 시인선 0277

어둠을 켜다

© 이오우

초판 1쇄 인쇄 2018년 3월 12일
초판 1쇄 발행 2018년 3월 19일
지은이 이오우
펴낸이 고영
책임편집 서윤후
디자인 헤이존
펴낸곳 문학의전당
출판등록 제2017-000002호
주소 서울시 마포구 마포대로 11길 91, 3층
전화 02-852-1977 팩스 02-852-1978
전자우편 sbpoem@naver.com

ISBN 979-11-5896-363-7 03810

* 이 책의 판권은 지은이와 문학의전당에 있습니다.
* 양측의 서면 동의 없는 무단 전재 및 복제를 금합니다.
* 잘못 만들어진 책은 바꿔드립니다.